FULL SCORE

【参考音源CD付】 WSEB-18-005

アニメ「響け！ユーフォニアム」オープニング主題歌

DREAM SOLISTER
(TRUE)

金管8重奏

作曲：加藤裕介　編曲：郷間幹男

金管8重奏

B♭ Trumpet 1
B♭ Trumpet 2
F Horn 1
F Horn 2 (B♭ Trumpet 3※)
Trombone 1
Trombone 2
Euphonium
Tuba

※B♭ Trumpet 3用に移調したパート譜を同包しております。

DREAM SOLISTER

加藤裕介 作曲
郷間幹男 編曲

© 2015 Lantis Co.,Ltd.

WSEB-18-005

DREAM SOLISTER - 2

発行者：株式会社ウィンズスコア

TEL：**0120-713-771**　　FAX：**03-6809-0594**

※この出版物の全部または一部を権利者に無断で複製（コピー）することは、
　著作権の侵害にあたり、著作権法により罰せられます。

※万一、落丁・乱丁などの不良品がありましたらお取り替えいたします。
　また、ご意見・ご感想もホームページより受け付けておりますので、
　お気軽にお問い合わせください。

ご注文について　　楽譜のご注文は、WEBサイトまたは全国の楽器店ならびに書店にて。
　　　　　　　　　（WEBサイトは、各レーベルの右側QRコードよりアクセスしてください。）